Lk7 361

(Par l'abbé Sourie, d'après
Girault de Saint-Fargeau.)

NOTICE

HISTORIQUE

SUR LA CHAPELLE

D'ARCACHON.

NOTICE

HISTORIQUE

SUR LA CHAPELLE

D'ARCACHON.

A BORDEAUX,
CHEZ E. MONS, IMPRIMEUR, RUE DU HA, 44.

1843.

AVIS PRÉLIMINAIRE.

L'idée du faible essai que nous osons livrer au public, nous fut inspirée par une des fêtes d'Arcachon à laquelle il nous fut donné de participer. A la vue de la foule que ce jour avait réunie, nous éprouvâmes le désir de remonter à l'origine d'une dévotion qui exerçait une si grande influence sur l'esprit religieux des populations qui ont succédé aux anciens Bougés. Nous dûmes dès-lors rechercher les documens qui pouvaient nous éclairer et nous rendre possible la tâche que nous nous imposions. Les archives métropolitaines, que Monseigneur nous fit ouvrir avec tout l'empressement et toute la bienveillance qui décèlent le protecteur judicieux et éclairé des sciences et des arts, la bibliothèque de la ville, nous en fournirent quelques-uns; mais nous devons avouer que nous sommes redevables du plus grand nombre à l'amitié dont M. le Curé de la Teste veut bien nous honorer. Nous ne revendiquons d'autre mérite que celui d'avoir essayé de les débrouiller et de les signaler aux amis de l'antiquité. Notre unique désir est de voir un lieu que la foule visite et remplit chaque année, sortir des ténèbres dont il est enveloppé depuis trois siècles : pourvu que notre but soit atteint, nous serons pleinement satisfaits, n'eussions-nous contribué, pour notre part, qu'à l'indiquer aux écrivains expérimentés et riches en connaissances historiques locales, que la belle et féconde Aquitaine compte en si grand nombre.

NOTICE

HISTORIQUE

SUR LA CHAPELLE

D'ARCACHON.

Vers la fin du quinzième siècle, un cordelier d'Ancône, le frère Thomas Illyricus, annonçait l'Évangile avec une si grande puissance d'élocution, de sainteté et de zèle, que les églises les plus vastes ne pouvaient contenir la foule avide de l'entendre : il prêchait ordinairement en plein air. Arrivé à Bordeaux, il établit sa chaire sur une grande place qui était alors à l'entrée du couvent de la Grande Observance.

Après avoir travaillé long-temps au salut de ses frères, par ses écrits (*), par ses conseils et par ses exemples, il

---

(*) Le frère Thomas a composé un livre intitulé : *Qualités d'un Vrai Prélat.*

voulut s'occuper sérieusement du sien. Il renonça à la prédication, et alla s'établir à Arcachon, pour y vivre dans la retraite, y vaquer à la prière et à la méditation des années éternelles.

Du lieu qu'il habitait, il aperçut un jour deux navires que la tempête et les courans poussaient violemment vers la côte, où ils allaient bientôt être brisés. A la vue du danger qui les menaçait, il tomba à genoux, imprima sur le sable le signe de la croix, invoqua avec une foi vive le secours du Très-Haut, et, *chose non jamais vue*, la mer et la tourmente se calmant tout à coup, les deux esquifs purent échapper au péril et gagner la haute mer.

Un pinceau peu habile a voulu perpétuer la mémoire de cette délivrance miraculeuse. On voit en effet dans un médaillon tracé sur le lambris, vers le milieu de la chapelle actuelle, un cordelier à genoux, levant les mains au Ciel, un navire sur le point de sombrer, Marie apparaissant sur les flots, et calmant d'un signe les ondes mutinées.

Quelques jours plus tard, ce religieux trouva sur les sables de la côte une statue de la Sainte-Vierge, triste débris, sans doute, d'un naufrage que les vagues y avaient laissé. Il la recueillit avec respect, et la porta sur une pointe qui s'avançait alors dans le bassin, que les flots couvrent aujourd'hui, mais qui conserve encore, dans la partie qui tient à la côte, le nom de *Notre-Dame la Vieille;* il y fit bâtir un petit oratoire, à un kilomètre à peu près, au nord-ouest, de la chapelle actuelle, afin que le matelot, avant d'aller affronter les fureurs de l'Océan, pût invoquer désormais dans ce lieu la protection de l'Étoile de la Mer, et venir lui rendre de justes actions de grâce au retour de ses périlleuses courses.

Il voulut que cet oratoire fût en bois, afin qu'il pût

être facilement déplacé, quand les sables que la mer vomit sur cette plage que les vens agitent et tourmentent sans cesse, menaceraient de l'ensevelir sous leurs pesantes couches.

Ce lieu devint bientôt un objet de vénération pour les marins. Avant d'abandonner leur vie aux caprices des flots, ils venaient y déposer le poids de leurs fautes, et y recevoir le Dieu qui maîtrise les élémens.

Il ne fut cependant pas toujours à l'abri de la cupidité : des forbans y abordèrent, et se saisirent des objets sacrés qui servaient au culte. Mais le châtiment suivit de près cette spoliation sacrilége : car à peine eurent-ils levé l'ancre, qu'ils donnèrent sur un écueil, et, quoique la mer fût calme, ils périrent corps et biens, à la vue du lieu dont ils venaient de violer la sainteté.

Le frère Thomas mourut au sein de cette solitude; sa dépouille mortelle enrichit le sol qu'il avait sanctifié par ses vertus et illustré par ses miracles. (*Martyrologe des Franciscains*, 13 Mai, pag. 184.)

Nous avons extrait ces détails d'un ouvrage intitulé : *Naissance des Hérésies*, livre I, pag. 12, par Florimond de Rémond, conseiller du roi au parlement de Bordeaux en 1570, et d'un autre qui a pour titre : *Vie des Saints du diocèse de Bordeaux*, sans nom d'auteur, pag. 174, édition de 1721.

Si ces documens sont exacts, comme nous avons lieu de le penser, l'auteur des *Variétés Bordelaises* se serait trompé, en attribuant, tom. VI, pag. 225, la fondation de la Chapelle d'Arcachon *à la dévotion des anciens Bougés*.

Cet oratoire, élevé pour ainsi dire à l'improviste à la gloire de la Reine des Cieux, était mesquin et *incommode*. Monseigneur François de Sourdis, de sainte et glorieuse mémoire, autorisa, le 12 Janvier 1624, l'hermite à le rebâtir en pierre à la même place, *sans toutefois que pour ce faire, il pût aller à la quête hors la paroisse de la Teste.*

La charité généreuse des habitans ne faillit pas au zèle du quêteur. La construction primitive disparut, et on vit s'élever, dans l'espace de deux ans, une chapelle élégante et solide. Des flots de pèlerins y arrivèrent de toutes parts, attirés par les faveurs multipliées que le Tout-Puissant se plaisait à y répandre, pour glorifier l'auguste Mère du Sauveur.

Afin d'encourager ce pieux concours, le Cardinal accorda, le 10 Mars 1626, une indulgence de cent jours, à perpétuité, à tous ceux qui visiteraient la nouvelle chapelle le jour de l'Annonciation. Le 11 Mai de la même année, Son Éminence ordonna aux habitans de Gujan, *où aucuns mouraient subitement, de s'y rendre en procession, au jour que le vicaire adviserait, Dimanche ou Fête.*

Deux siècles plus tard, lorsque le choléra menaçait d'étendre ses ravages sur la Guienne, les habitans d'Andernos, d'Audenge, de Biganos, du Teich, de Gujan, couvrirent le bassin de leurs barques ; ils se dirigèrent, avec leurs bannières et leurs croix en tête, vers Arcachon, en faisant retentir la côte de leurs pieuses invocations.

La paroisse de la Teste traversait processionnellement en même-temps les prés salés, s'avançait vers le même but, et semblait répondre par ses chants à ceux que les échos lui répétaient.

Une population immense se trouva bientôt réunie aux pieds de la statue de Marie, la salua des mêmes acclamations, se confondit dans le même respect, se sépara pleine de la même espérance.

Jusqu'au 25 Août 1689, on se borna à faire à la nouvelle chapelle les réparations que nécessita son entretien.

Dessiné par Charles Arnaud, Elève de l'Ecole Ch.le Ste Eulalie.

Lith. Pérées & Cie 11 r. Puits Bagne Cap.

A cette époque, Monseigneur de Bourlemont prescrivit que l'autel fût exhaussé et élargi d'*un demi-pied*, le sanctuaire clos par une sainte-table en bois de noyer, la fenêtre de la sacristie grillée, et la petite porte du couchant fermée à clé, laquelle devait être laissée au desservant.

Sa Grandeur ayant remarqué dans le procès-verbal du commissaire délégué le 14 Mai de la même année pour arrêter la comptabilité du fabricien, qu'il y faisait figurer *des dépenses excessives* pour le dîner du curé, du prédicateur et des autres ecclésiastiques, le jour de la fête patronale, décida qu'à l'avenir il ne serait alloué pour tous frais de table, aux deux premiers, que *trente sols* pour chacun, et *vingt sols* seulement au vicaire; il fut enjoint aux *auditeurs des comptes* de laisser à la charge personnelle du marguillier tout ce qui dépasserait ce chiffre sur cet article.

Les cordeliers continuèrent à faire le service religieux de la chapelle. L'abbé Baurein se trompe, en avançant, tom. VI, pag. 229, qu'elle était desservie par un aumônier particulier nommé par le Roi. Le supérieur des cordeliers présentait un religieux de son ordre aux archevêques de Bordeaux; il ne recevait d'autre mission que la leur. La vérité de ce fait nous semble démontrée par le document que nous allons transcrire:

« Le 27 Mai 1729, nous Basterot et Calandriny, vicaires
» généraux de l'archevêché, le siége vacant, commettons,
» députons et approuvons le frère Etienne Laulan, prêtre
» religieux de la grande observance de Saint François,
» pour desservir la chapelle de Notre-Dame d'Arcachon,
» y prêcher la parole de Dieu, y administrer le sacrement
» de pénitence, et y faire le service accoutumé: et *pour*
» *son entretien et subsistance*, lui permettons de faire la

» quête au lieu de ladite chapelle et aux environs (*), le
» tout jusqu'à ce qu'il en soit autrement ordonné par nous
» ou par Monseigneur l'Archevêque. »

Au dos de ce titre, expédié en parchemin, est le consentement du père Chalup, provincial.

Nous aurions pu citer deux ordonnances antérieures, une de Son Éminence le Cardinal de Sourdis, du 12 Janvier 1627, et l'autre de Monseigneur de Bourlemont, du 5 Août 1689, nommant aux mêmes fonctions les frères Minvielle et Rauzin, sans l'intervention de l'autorité royale. Les recherches auxquelles nous avons dû nous livrer nous fourniraient au besoin plusieurs autres témoignages qui infirment l'assertion de l'auteur des *Variétés Bordelaises*, mais nous ne pensons pas qu'il soit utile d'insister plus long-temps sur ce point.

Nonobstant ce titre personnel, émané de l'autorité archiépiscopale, la chapelle fut toujours considérée comme une simple annexe de l'église de la Teste. Elle était desservie sous la surveillance du curé et l'administration temporelle d'un marguillier, nommé d'abord tous les deux ans, et plus tard tous les trois, par l'assemblée paroissiale.

Quelques religieux, à diverses époques, manifestèrent des prétentions contraires ; mais elles furent toujours combattues et réprimées. En 1695, le frère Bonnet fit travailler à une charpente pour remplacer l'ancienne que le temps avait sans doute détériorée. Le fabricien Jougla, surpris de n'avoir pas été consulté, réclama. M. Friquet, docteur en théologie et aumônier de l'église primatiale Saint-André, fut nommé commissaire par Monseigneur de Bourlemont,

---

(*) Si l'aumônier d'Arcachon avait été nommé par le Roi, il aurait joui d'un traitement.

et envoyé sur les lieux. Sur son rapport, il intervint, le 17 Août de la même année, une ordonnance prescrivant :

« Que le sieur Jougla *conviendrait*, avec MM. le Curé et
» les fabriqueurs de l'église de la Teste, d'un jour pour
» faire voir et examiner, par experts et gens à ce connais-
» sant, si la charpente que le père Bonnet avait commencé
» de faire faire à neuf, *de son autorité privée, et sans la*
» *participation du susdit curé*, dans la chapelle d'Arca-
» chon, était nécessaire, pour ensuite, sur leur délibéra-
» tion, y être pourvu. »

Il fut aussi ordonné au même religieux d'avoir à s'abstenir de bénir les *vaisseaux, barques et autres bâtimens*, au préjudice des droits du curé, et sans son autorisation.

Cette ordonnance renferme en outre d'autres dispositions qui démontrent que l'administration extérieure de la chapelle ne ressortait nullement de la juridiction de l'aumônier. Il y est statué : 1°. Que le tronc destiné à recevoir les offrandes des fidèles fermerait à deux clés, dont l'une demeurerait *entre les mains du curé*, et l'autre *dans celles du fabricien*; qu'il serait ouvert *par eux* tous les mois, et que l'argent qui s'y trouverait serait déposé dans le coffre-fort de la sacristie de la Teste.

L'inspection que nous avons faite des comptes-rendus, nous a mis à même de faire observer que cette prescription ne fut jamais exécutée : le fabricien sortant versait dans les mains de son successeur le reliquat de sa gestion.

2°. Qu'à l'avenir il serait fait un inventaire des meubles appartenant à la fabrique, et des ornemens dont l'usage était laissé au religieux qui desservait la chapelle, et qu'à chaque décès ou mutation, *le curé et les fabriciens* auraient soin de le vérifier et d'en donner connaissance au nouveau venu.

Cette précaution fut prise sur la plainte du sieur Jougla,

qui allégua qu'à la mort du frère Coulin, quatre religieux de son ordre étaient arrivés à Arcachon, et avaient emporté tous les meubles de sa chambre, achetés des deniers de la fabrique, ainsi que la cire et les ornemens de la chapelle.

Pendant quatre-vingt-treize ans la vénération que la chapelle inspirait ne fit que grandir. Mais le 13 Avril 1719, Jean Baleste-Guilhem, qui en était alors marguillier, annonça dans une assemblée paroissiale, qu'elle était presque couverte par le sable, et qu'il était urgent d'aviser aux moyens qu'on aurait à prendre pour empêcher qu'elle ne fût totalement enterrée.

L'assemblée nomma immédiatement une commission, composée de MM. Mesteyrau, juge, Pierre Baleste de Tahard, Pierre de Taffard, sieur de la Ruhade, fabricien en chef de l'église de la Teste, Jean Baleste-Marichon, notaire royal; elle devait se transporter sur les lieux, assistée du sieur Baleste-Guilhem, et lui faire, après un mûr examen, un rapport détaillé, sur lequel elle se réservait de statuer ultérieurement.

Une requête fut adressée à ce sujet à Monseigneur l'Archevêque; elle fut suivie d'une ordonnance de MM. les Vicaires Généraux, qui confirma le choix des commissaires; mais elle leur adjoignit M. Baron, curé du Teich, vicaire forain. La commission nomma pour son secrétaire M. Cambon, curé de Lamothe, lui fit prêter serment, et procéda le 20 Juillet aux investigations qui étaient l'objet de son mandat.

Pour faire le tour de la chapelle, les commissaires furent obligés de gravir des tas de sable, qui, à l'ouest, au nord et nord-ouest, s'élevaient déjà de *plus de neuf à dix pieds* au-dessus du toit; en glissant insensiblement de leur sommet, ils s'étaient accumulés le long des murs, et avaient bouché la porte principale et les fenêtres. L'impulsion que les vents qui soufflent avec violence sur cette plage imprimaient à ces masses mouvantes, ne leur laissa aucun doute que la porte et les fenêtres du midi ne fussent bientôt envahies à leur tour, et que la chapelle entière n'éprouvât sous peu le même sort que l'église de la Teste et les terres dont elle était environnée, que quelques vieillards se souvenaient encore d'avoir vues découvertes, et qui alors étaient entièrement ensevelies sous d'épaisses couches.

Occupés à chercher un moyen d'arrêter cet envahissement, quelques-uns d'entr'eux pensèrent qu'on pourrait conserver la chapelle, en en surhaussant les murs *de six à sept pieds*, et en comblant l'intérieur proportionnellement. Ils paraissaient convaincus que le corps du bâtiment se trouvant par ce moyen assis sur le sommet des dunes, les sables glisseraient le long de ses murs et ne s'y arrêteraient pas.

Ils étayaient cet avis de la difficulté qu'il y aurait à transporter la chapelle dans un endroit où elle fût à l'abri du danger auquel on voulait la soustraire; des frais considérables qu'une nouvelle construction occasionnerait, et de la commodité qu'offrait à la dévotion des pilotes et des *mariniers* l'emplacement actuel, par sa proximité du bassin et son heureuse situation, *qui permettait de voir en mêmetemps la grande et la petite mer*. (Procès-verbal du 20 Juillet 1719.)

Ces paroles semblent indiquer que le prolongement du Cap-Ferret, sur lequel le phare est bâti, n'existait pas à cette époque : la mer aurait battu alors la partie de la côte qu'on appelle aujourd'hui la Grande-Dune. Or, de la position avancée qu'occupait la chapelle, sur la côte opposée, la vue aurait en effet embrassé la largeur du bassin, et se serait étendue au loin sur l'Océan.

La majorité de la commission parut adopter ce sentiment; mais, préoccupée par la pensée que le service divin ne devait pas être interrompu, elle pénétra dans l'intérieur de la chapelle, pour examiner s'il pourrait y être célébré décemment dans une extrémité pendant qu'on réparerait l'autre. Il est à remarquer qu'elle ne voulut procéder à cet examen qu'après avoir fléchi le genou devant l'image de la Reine des Cieux, et imploré sa puissante intercession.

Le révérend père Peyre, religieux Minime, Jean Baleste-Guilhem, Jean Baleste-Janon, notaire royal, Romain Peyjehan et quelques-autres assistans, firent observer que la chapelle ayant près *de soixante pieds de long*, le sanctuaire et le chœur fermés avec des toiles, suffiraient à l'exercice du culte pendant qu'on exhausserait le fond, et qu'en y transportant ensuite l'autel, après les réparations terminées, on pourrait, en prenant les mêmes précautions, élever l'autre partie; que, par ce moyen, la dévotion inspirée par ce lieu pourrait être toujours satisfaite, *et les gens de mer ne seraient pas privés de messe le Dimanche et les Fêtes chômées.*

Tel fut le précis du procès-verbal de la commission. Nous avons voulu le faire connaître, afin de constater le respect qu'on portait au lieu saint, et la fidélité avec laquelle toutes les classes des citoyens remplissaient, à d'autres époques, les devoirs qu'impose le christianisme.

Mais, soit que l'urgence des réparations ne fût pas bien démontrée, ou, ce qui est plus probable, que l'inutilité en fût reconnue, on ne prit aucune mesure pour les commencer, on sembla même les perdre de vue : ce ne fut que le 9 Novembre 1721, que M. le Curé réunit les notables de la paroisse, pour leur annoncer que la chapelle avait entièrement disparu sous les sables *depuis huit jours*, et qu'il n'était plus possible de la rétablir à la même place.

Il proposa alors de demander aux sieurs Guillaume et Pierre Peyjehan de Francon, propriétaires d'un terrain planté de pins, appelé *la Binète*, d'en céder, *soit à titre de don, soit à prix d'argent*, une étendue suffisante pour y bâtir une autre chapelle ; il ajouta, qu'élevée dans ce lieu, la nouvelle construction serait à l'abri de tout danger d'envahissement, et perpétuerait le culte que les habitans de la Teste et ceux des lieux circonvoisins avaient toujours rendu à la Mère de Dieu.

Les messieurs Peyjehan accueillirent avec bienveillance la demande qui leur fut adressée par leurs concitoyens ; ils cédèrent *gratuitement* tout le terrain nécessaire. Ce fait nous a été attesté par deux membres de cette honorable famille, au sein de laquelle la dévotion à la Sainte-Vierge semble héréditaire ; nous n'avons rien trouvé dans les documens que nous avons compulsés, qui contredît ou infirmât leur témoignage.

En attendant qu'on pût se procurer les matériaux et les faire transporter sur les lieux, l'assemblée délibéra qu'une requête serait adressée à Monseigneur Voyer-de-Paulmy, d'Argenson, Archevêque de Bordeaux, pour solliciter de Sa Grandeur l'autorisation de construire provisoirement un oratoire en planches, afin qu'il pût servir au culte pendant tout le temps que dureraient les travaux, qui allaient être incessamment commencés sous la direction et la surveillance de Jean Baleste-Guilhem.

Il est probable qu'ils furent ralentis par la mort de M. le Curé Cocard qui survint alors ; car ce ne fut que onze mois plus tard, le 4 Octobre 1722, que, dans une assemblée convoquée par son successeur, M. Penault, Jean Baleste-Guilhem rendant compte de la mission qui lui avait été confiée, lut l'ordonnance de Monseigneur l'Archevêque, dit qu'il s'y était conformé, *que l'oratoire en bois était fini* et la bâtisse en pierre commencée ; mais que les fonds appartenant à la chapelle dont il était dépositaire étaient épuisés, et qu'une somme de *huit cents livres* lui était encore nécessaire pour *terminer* les travaux.

L'assemblée, se souvenant qu'on avait puisé dans le tronc de la chapelle pour fournir aux frais des réparations qui avaient été faites, soit dans l'église de la Teste, soit au clocher, en 1666, 1668, 1679, sous MM. Négarieux et de Filhot, curés de la paroisse, décida qu'il était juste qu'elle contribuât actuellement à sa reconstruction.

M. Nicolas de Taffard, juge de Certes, avait été nommé à l'unanimité fabricien en chef de l'église de la Teste, le 12 Mars 1718, quoiqu'il alléguât qu'il avait déjà exercé cet emploi. Une maladie grave l'avait empêché de rendre ses comptes à l'expiration de sa gestion ; il déclara qu'il était redevable à la fabrique d'une somme de 634 liv., et qu'il offrait de la verser immédiatement, afin qu'elle pût être employée à finir les bâtisses entreprises *par le fabriqueur d'Arcachon*.

Cette proposition fut acceptée, et le 25 Octobre 1722, cette somme fut comptée par M. Pierre Baleste de Tahard, alors ouvrier en chef, à Jean Baleste-Guilhem, *en quatorze louis de quarante-cinq livres, une pièce de cinquante sols, une pièce de vingt-cinq sols, et cinq sols monnoyés*.

MM. Baleste-Martinon, Jean Baleste-Marichon, notaire royal, Jean Eyméric, Guillaume Darmailhac, présens à cette réunion, firent observer que cette somme ne serait pas suffisante pour fournir *aux plus pressantes nécessités de la chapelle ;* alors il fut délibéré que, pour parfaire la somme de 800 liv. que le marguillier affirmait lui être *absolument nécessaire*, le sieur de Tahard donnerait encore des fonds de la fabrique de la Teste 166 liv. ; cette somme fut à l'instant comptée.

Il résulte de ces faits, puisés à des sources officielles, que l'auteur des *Variétés Bordelaises* s'est trompé, en affirmant, tom. VI, pag. 228 et 229, *que l'oratoire provisoire en planches* n'avait pas été construit, que la chapelle actuelle avait été bâtie *aux frais et dépens* d'un particulier aisé de la Teste appelé *Jean Baleste-Guilhem*.

Le sieur Guilhem, fabricien d'Arcachon depuis 1714, devait être détenteur en 1722 d'une assez forte somme provenant des oblations faites à la chapelle, pendant les huit années qui s'étaient écoulées depuis son élection : il l'employa d'abord, et lorsqu'elle fut épuisée, il fit un appel de fonds. Si les 800 liv. qui lui furent alors comptées ne suffirent pas à solder la totalité des dépenses, il rentra dans ses avances, en supposant qu'il fût obligé d'en faire, par les recettes postérieures.

Nommé fabricien en chef de l'église de la Teste, le 27 Juillet 1733, il refusa de prendre possession, et *se maintint contre toute règle* dans l'administration de la chapelle. Son grand âge et ses infirmités l'obligèrent à donner sa démission le 16 Mai 1735, et par conséquent après vingt-un ans de gestion.

Pendant une période de cinquante-un ans, de 1638 à 1689, le chiffre le plus élevé des produits annuels de la chapelle fut 422 liv., et le plus bas 107. Depuis cette époque jusqu'à 1700, on se contenta d'établir que la recette et la dépense s'étaient balancées. De cette année à 1737, on ne trouve aucune reddition de compte. De 1737 à 1765, il y a une lacune dans les délibérations de la paroisse. Le 3 Mars de cette dernière année, M. Eyméric, notaire royal, fut élu fabricien d'Arcachon, en remplacement du sieur Pierre Peyjehan, chirurgien, et reçut de lui 2,285 liv. dont il se trouvait reliquataire.

Depuis lors, jusqu'en 1790, les recettes s'élevèrent progressivement, et offrirent une moyenne de 1,354 liv.

Afin d'exercer une surveillance utile sur les fonds appartenant aux trois églises, il fut décidé, le 8 Février 1778, sur la proposition de M. le Curé Vignault, qu'il y aurait dans la sacristie de la Teste un coffre-fort à triple compartiment, et que le fabricien d'Arcachon serait tenu de verser ses recettes dans celui qui lui serait affecté ; que chaque séparation aurait deux clés ; que trois seraient confiées au curé, et les trois autres laissées aux ouvriers en charge.

Monseigneur de Cicé se trouvant en cours de visite à la Teste, le 22 Juin 1783, présida l'assemblée paroissiale dans la chapelle de Saint-Jean. Amanieu de Ruat, seigneur du lieu, fut présent à cette réunion. Il y fut délibéré que, pour indemniser la fabrique du préjudice que lui causait la défense d'inhumer dans l'intérieur de l'église, on élèverait, au couchant du cimetière, un édifice dans l'enceinte duquel des tombes seraient concédées, et que pour satisfaire à toutes les précautions hygiéniques, il ne serait fermé, dans toute sa longueur, que par des barreaux ; qu'il serait construit sur l'emplacement appelé *l'Allée de l'Eglise* des barraques en bois, pour servir à l'étalage des marchands forains ; qu'on placerait des chaises dans l'église, et qu'un droit de *six deniers* serait payé par ceux qui les occuperaient pendant les offices du Dimanche et des Fêtes chômées ; que pour subvenir aux besoins actuels de l'église mère, M. Jougla, fabricien d'Arcachon, verserait dans sa caisse une somme de 400 liv. *dont il serait valablement déchargé.*

Il fut également arrêté, qu'une somme de cinq mille livres et un contrat d'obligation de *cent pistoles*, provenant d'un excédant de recettes, qui se trouvaient pour le moment sans affectation particulière entre les mains de M. Pierre Peyjehan, fabricien de Notre-Dame des Mons, seraient incessamment placés sur le clergé de France, que l'intérêt en provenant serait employé à donner du bouillon aux malades indigens, que cette œuvre serait confiée aux soins de M. Jean Larchevêque, alors curé de la Teste, et des dames de charité qu'il choisirait pour ses coopératrices.

Le Captal se prêta avec bienveillance aux deux premières créations : il offrit de céder le terrain nécessaire pour l'érection de la *chapelle tumulaire*, et de renoncer à tout droit de *plaçage* sur le local où devaient être construites les échoppes projetées. Jean Bellangé jeune prit l'engagement de les faire construire à ses frais, et de s'en rendre fermier pendant neuf ans, au prix de *quatre-vingts livres* chaque année, au profit de la fabrique, avec promesse de les lui abandonner gratuitement, dans l'état où elles se trouveraient, à l'expiration du bail.

Joseph Sudraut, huissier, s'offrit à faire l'achat des chaises, d'en percevoir la taxe, et de compter annuellement cent livres à la fabrique, à dater du jour de la Saint-Jean. Il voulut qu'il fût stipulé que, si après être rentré dans ses avances, le chiffre de la recette se trouvait dépasser, à l'époque déterminée, la somme promise, tout l'excédant serait pour l'église, et que s'il restait en dessous, il parfairait le surplus.

Six ans plus tard, des besoins pressans firent donner une autre destination aux fonds disponibles de Notre-Dame des Mons et d'Arcachon. Il fut en effet délibéré, le 8 Novembre 1789, que, par suite de la disette des grains qui se faisait sentir, les sommes dont les fabriciens des deux chapelles se trouvaient nantis, seraient versées dans les mains de MM. les Officiers municipaux, lesquels seraient *requis et priés de les convertir en grains,* pour être distribués aux habitans, *au prix coûtant.*

M. Duman, représentant sa belle-sœur, et cette dernière son époux, décédé fabricien de Notre-Dame des Mons, déclara être dépositaire d'une somme de 4,200 liv., en un contrat consenti à la fabrique par Jean Barbote, habitant de la paroisse.

M. Daisson, fabricien d'Arcachon, dit avoir en ses mains 843 liv. Ces deux sommes réunies, s'élevant à 5,043 liv., furent comptées aux officiers municipaux alors en fonction; ils s'en déclarèrent solidairement responsables, avec la clause expresse, que si la *cherté et rareté* des grains venaient à cesser, ils les réintégreraient, *à la Saint-Jean prochain*, dans leurs caisses respectives.

Nous ne savons quel obstacle s'opposa à l'exécution immédiate de cette mesure; car, nous trouvons dans une note dont rien ne peut nous faire suspecter la véracité, que le navire qui devait aller en Bretagne ne fut expédié du port de la Teste que le 10 Novembre 1791, sous le commandement du capitaine Pontac, et qu'il ne compléta son chargement que le 10 Janvier 1792, c'est-à-dire, vingt-six mois après la délibération précitée. Dans la situation difficile où se trouvait la population, un retard si prolongé constituerait un abus grave de confiance, s'il avait eu pour cause un motif déloyal; nous aimons mieux l'attribuer, si toutefois il a existé, à des difficultés qu'il fut impossible de vaincre plus tôt.

La chapelle a vingt-trois mètres soixante-six centimètres, depuis l'extrémité de la sacristie jusqu'au seuil de la porte principale, sur huit mètres soixante-six centimètres de large, et quatre mètres trente-trois centimètres d'élévation. Elle a la forme d'une croix. Le maître autel est dédié à la

Sainte-Vierge; sa statue placée au-dessus du tabernacle, a été sculptée dans un bloc calcaire d'environ soixante centimètres de haut. L'auguste Mère de Dieu est assise; elle porte son divin Fils sur le bras droit.

Cette production, considérée sous le rapport artistique, n'est remarquable que par les draperies qui ne laissent apercevoir que l'extrémité des pieds de la Vierge : elles nous ont paru disposées avec goût et talent. L'image de l'Enfant-Dieu a été mutilée; il n'en reste plus que la partie inférieure, sur laquelle on a ajusté un buste en terre cuite.

Les deux autels latéraux sont consacrés, l'un à Saint-Clair, évêque et martyr, et l'autre à Sainte-Anne.

Le tombeau du maître autel, si régulier et si élégant dans sa petitesse, la sainte-table, le tabernacle, aux formes gracieuses mais peut-être trop modernes et trop chargées d'or, sortirent des ateliers de Daux et Doumeret en 1840. Diverses réparations furent faites en même temps aux deux autres autels et constituèrent en totalité une dépense de 400 fr.

Parmi les nombreux tableaux qu'on voit dans le lieu saint, quelques-uns ont appartenu à l'ancienne chapelle, mais aucun ne porte le cachet d'une bonne école.

Les *ex-voto* suspendus à l'entrée prouvent que les capitaines du port de la Teste se souviennent au fort du danger de Notre-Dame d'Arcachon, et que Marie répond à la confiance qu'ils lui témoignent. Ces peintures, que l'art ne peut avouer, vues sur les bords de l'Océan, et au bruit des mugissemens des vagues, émeuvent profondément et attachent, par les périls qu'elles rappellent et les sentimens religieux qu'elles expriment. On sent, en les parcourant des yeux, ces paroles du prophète venir se placer sur les lèvres : *Les soulèvemens de la mer sont admirables; mais le*

Seigneur, dans la hauteur des Cieux, est plus admirable encore. (Psaume 92, ℣ 4.)

Des pélerins ont écrit au crayon quelques vers sur les boiseries qui revêtent les murs intérieurs. On doit des éloges au motif honorable qui les a inspirés; mais il faut plus que de bonnes intentions pour être bon poète, et la médiocrité nous paraît doublement impardonnable, lorsqu'elle choisit les murs d'une église pour arriver à la postérité.

Les lambris de la sacristie paraissent avoir appartenu à l'ancienne chapelle; mais les planches mal ajustées ne laissent apercevoir que deux ou trois personnages entiers. Partout ailleurs ce ne sont que des lambeaux, des traits disparates que l'œil s'afflige de voir rapprochés.

Les peintures du sanctuaire, du chœur et de la nef furent réparées en 1836; la fabrique consacra 560 fr. à cette restauration. Le peintre a écrit son nom au-dessus d'un des autels; sa réputation d'artiste aurait à souffrir de cette imprudente révélation, s'il n'avait eu soin de la rendre indéchiffrable. L'ordre, la décence et la propreté qui règnent dans l'intérieur du lieu saint, prouvent que M. le Curé de la Teste unit aux vertus sacerdotales qui le distinguent le zèle de la maison du Seigneur. C'est à sa sollicitation que MM. les Fabriciens, toujours disposés à le seconder dans ses utiles desseins, ont fait percer la porte extérieure de la sacristie, qui permet aujourd'hui au clergé d'y pénétrer sans avoir à traverser la foule.

MM. les Administrateurs de l'église paroissiale de la Teste méritent des éloges pour le soin et l'empressement qu'ils mettent à conserver et à embellir la chapelle: exposée constamment à l'action corrosive de l'air de l'Océan, et très-souvent à la violence des vens et des tempêtes, elle doit exiger de fréquentes réparations.

Dessiné par Ch.^{es} Arnaud Elève de l'Ecole, Ch.ⁱⁿ Ste Eulalie.

Lith. Pérenx & Cie

La grille qui ferme le chœur est due à l'administration de M. Pierre Baleste-Marichon. Elle fut terminée et mise en place en 1769. Le dessin en est simple, mais régulier dans son ensemble et bien exécuté.

Des réparations considérables durent être faites par les soins de ce fabricien. Nommé en 1768, M. Pierre Eyméric, notaire royal, son prédécesseur, avait versé dans ses mains un excédant de recette de 2,329 liv. A la fin de sa gestion, en 1771, il ne laissa à Gérard Darmailhac, son successeur, qu'un reliquat de 974 liv., y compris les produits qu'il avait perçus pendant sa gestion triennale. Or, en supposant qu'ils eussent atteint annuellement le chiffre de 400 liv., il en résulterait qu'il aurait dépensé 2,555 liv.

Près de la chapelle, à l'ouest, s'élève l'hermitage; il servait autrefois de logement au religieux qui la desservait. La fabrique de la Teste en est aujourd'hui propriétaire. Elle le loue pendant la saison des bains; il est inhabité pendant le reste de l'année.

Devant cette maison, dont l'architecture simple et commune annonce la pauvreté évangélique de celui qui l'habitait, était une croix de pierre : le temps, qui use tout, l'avait dégradée; la main de l'homme dédaigna de réparer les outrages des années; elle crut mieux faire en la détrônant. Elle gît étendue et mutilée sur le sable, près du lieu qu'elle avait couvert si long-temps de son ombre, et à sa place s'élève, svelte, radieuse, et étincelante d'or, une croix de fer : le vieux piédestal paraît confus d'avoir une tête si belle et si jeune.

On monte sur la dune où la chapelle se trouve bâtie par un escalier en pierre, remarquable par sa largeur et par quelques-unes de ses marches. L'herbe, la mousse et le sable commencent à l'envahir. Il mérite d'être conservé :

c'est la seule construction qui offre en ce lieu un certain caractère de grandeur.

Au bout de cet escalier, à gauche, est une côte de baleine. Vue d'une certaine distance, elle ressemble au tronc d'un jeune pin découronné et dépouillé par la foudre. Elle est plantée en terre. De la surface du sol à son extrémité un peu convexe, elle a trois mètres douze centimètres, sur trente-cinq centimètres de largeur.

Cette côte appartient à l'une des deux baleines qui, vers le milieu du siècle passé, vinrent échouer dans le bassin, vis-à-vis cette partie de la rade sur laquelle les établissemens des bains ont été construits. Elles étaient d'inégale grandeur ; l'une offrait une masse énorme, l'autre était beaucoup plus petite. Leurs chairs putrifiées exhalèrent pendant long-temps une odeur pestilentielle. Tels sont au moins les détails que nous avons recueillis sur les lieux ; nous les transcrivons, sans cependant en garantir l'exactitude.

Au reste, cet événement n'aurait pas été sans précédent. L'auteur des *Variétés Bordelaises* parle de trois de ces cétacés, jetés à deux époques bien antérieures sur les côtes de la paroisse de Saint-Pierre de Lége. Le dernier que les flots y poussèrent était mort. Le harpon qui l'avait percé était profondément enfoncé dans son vaste corps : il en fut extrait et suspendu à une des poutres de de la grande salle du château. (Tom. VI, pag. 318.)

Un peu plus loin s'élève une petite habitation. On en trouve une semblable au pied du plateau ; c'est le domicile des résiniers, les seuls hommes qui habitent ce lieu.

L'Annonciation est la fête principale d'Arcachon. Dès le point du jour, la foule afflue par toutes les avenues ; de nombreuses barques sillonnent le bassin, et déposent sur le sable des flots de pèlerins. Les pins séculaires qui entourent le lieu saint, habitués à ne voir leur silence et leur solitude troublés que par le bruissement des vens, le choc retentissant de la hachette du résinier, et les chants monotones et mélancoliques de quelques rares oiseaux, s'étonnent et s'effraient du tumulte et des cris de la foule, qui vient ce jour-là s'asseoir à leurs pieds et se reposer à leur ombre.

Les habitans des landes, dans un rayon très-étendu, y accourent nombreux. Les uns y viennent offrir à la Vierge sans tache le tribut de leur reconnaissance pour les bienfaits qu'ils lui doivent, et déposer sur son autel leurs modestes offrandes; les autres la supplient d'agréer avec leurs vœux ceux des membres de la famille qui, à leur grand regret, n'ont pu les suivre, et sollicitent pour tous la continuation de sa maternelle et salutaire protection.

Les intérêts humains se mêlent à cet élan religieux. Les marchands dressent dès la veille leurs tentes autour de la chapelle, y étalent leurs marchandises, et emploient tout ce qu'ils ont d'éloquence à en exhalter la qualité, à en solliciter vivement l'achat.

Le pèlerin y trouve aussi de quoi flatter et satisfaire ses besoins matériels. Des restaurateurs y transportent leurs fourneaux; des mets cuits en plein air, et qu'ils savent rendre excitans, leur procurent une abondante consommation, et provoquent souvent à la fin de la journée de trop bruyantes joies.

Pendant toute la matinée, les curés des paroisses voisines, empressés de placer le troupeau objet de leur affectueuse sollicitude sous la protection de la puissante Reine des Cieux, offrent la Victime Sainte. Toutes les fois que le Saint Sacrifice commence, la foule se renouvelle nombreuse et compacte dans l'intérieur du lieu saint. Le sanctuaire est resplendissant de lumière : de fervens adorateurs y déposent des cierges allumés et les y laissent se consumer : image sans doute de la vivacité de leur foi, de l'ardeur de leur charité, et de l'engagement qu'ils prennent de consacrer tous les jours de leur exil à éclairer, à réchauffer leurs frères par la sainteté de leurs œuvres.

A onze heures, la foule se dirige vers le bassin, au son de la cloche et en chantant les Litanies de la Sainte-Vierge. Le costume uniforme des habitans des landes donne à cette procession un caractère de simplicité majestueuse qui parle à l'ame, et qui commande le respect et le recueillement.

Au fond d'une large et longue allée sabloneuse, et sur un petit tertre que les lames viennent quelquefois baigner, s'élève une croix de bois, ornée ce jour-là de fleurs et de guirlandes. C'est de ce lieu, d'où la vue s'étend sur une vaste nappe d'eau bleuâtre et brumeuse, que le célébrant appelle sur les barques amarrées à la côte la protection du Dieu des vens et des tempêtes. Le profond silence qui règne autour de lui, lorsque son bras s'étend pour bénir, les matelots balancés par la houle et abrités derrière leurs voiles, la tête découverte et inclinée, le genou fléchi, offrent un spectacle qui frappe et qui attendrit ; on sent à cette vue le cœur se remplir d'émotion, et des larmes rouler dans les yeux.

La procession rentre en chantant l'*Ave, maris Stella*. La messe solennelle commence, le pain de la parole est rompu aux assistans ; quelques momens plus tard, la foule s'écoule lentement, et ce lieu redevient silencieux et solitaire. Ce silence n'est troublé que par les visites de la nombreuse et élégante société que la saison des bains réunit dans les beaux établissemens élevés sur les bords du bassin, par le son de la cloche qui retentit alors tous les Dimanches pour annoncer l'oblation du Saint-Sacrifice ;

ce temps écoulé, il ne l'est plus que par le bruit des pas des capitaines de la Teste, venant placer leur périlleux voyage sous les auspices de celle qu'ils aiment à appeler leur patronne, et par les prières et les sanglots de leurs épouses, de leurs enfans, qui, en proie à de cruelles angoisses pendant leur absence, viennent aussi souvent y demander à Marie de leur *frayer une voie sure* à travers les flots, et d'obtenir qu'ils soient bientôt réunis à eux autour du foyer paternel.

Puisque de nobles liens unissent tous les chrétiens et n'en font qu'une même et grande famille, qu'il nous soit permis de nous associer à ces prières, d'adresser au Ciel les mêmes vœux : assez de désastres ont frappé cette plage infortunée ; la mer y a dévoré assez de victimes, elle y a fait assez de veuves et assez d'orphelins.

O Marie ! ô Reine vénérée dans ce lieu ! daignez prier pour cette terre désolée ; obtenez qu'elle ne soit plus arrosée de larmes si amères : prenez sous votre protection ces navires, ces barques fragiles qui portent l'espérance et la fortune de tant de familles ; étendez sur ce vaste et perfide Océan le bras sacré qui porta le Sauveur du Monde, et ses flots seront enchaînés. Facilitez la rentrée dans le port à ces hommes aussi laborieux qu'intrépides ; soyez avec eux au fort de la tempête, sauvez-les du naufrage ; montrez-leur, par vos bienfaits, que vous êtes la plus vigilante et la plus tendre des mères : faites qu'au tribut d'amour et de vénération qu'ils vous doivent, comme à l'auguste Mère de leur Dieu, ils joignent encore celui d'une toute spéciale reconnaissance.....

FIN.

www.ingramcontent.com/pod-product-compliance
Lightning Source LLC
Chambersburg PA
CBHW060525050426
42451CB00009B/1159